親として大切なこと

松下幸之助 著

PHP総合研究所 編

PHP研究所

はじめに

この本を手に取られた方の中には、「松下幸之助の子育て本？」と思った方もいらっしゃると思います。無理もありません。松下電器産業（現パナソニック）グループの創業者である松下幸之助は、経営論や仕事論を多数、出版しているものの、子育てについて著したものはほとんどないからです。

一方で、「なるほど」と得心して手に取ってくださった方もおられるのではないでしょうか。企業家として多くの優秀な社員、後継経営者を育てた松下は、〝人育ての名人〟と称されることもありました。松下のリーダー論や人材育成術の中には、子育てに応用できる考え方がきっとあるにちがいないと思われるからです。

松下には、経営者としての顔のほかに、思想家・啓世家《けいせいか》としての顔もあります。昭和二十一年に世と人の繁栄・平和・幸福の実現をめざしてPHP研究所を創設して以来、衆知《しゅうち》を集めつつ研究を重ね、さまざまな提言を積極的に行いました。その中には教育に関する提言も多数、あります。

また松下は、若いころから社員教育を通じて、あるいは取引先とのつき合いを通して、「人間とはどのような存在ととらえるべきか」と考えることがよくありました。PHP研究所を創設してからは、「人間の本質は何か」についていっそう思索を深めていきます。そして昭和四十七年にその思索の集大成ともいえる著書『人間を考える――新しい人間観の提唱』（PHP研究所刊）を出版し、これをみずからの主著と位置づけています。

本書は、その松下が提唱した人間観を念頭に置きながら、子育てや教育、人材育成、あるいはあるべき人生の生き方について松下が語ったり著書に著したりしたものを厳選し、一冊にまとめたものです。そのため子育ての具体的なノウハウを述べたものからやや抽象的なものまで、比較的幅広い内容を含んでいます。

編集にあたって、各項目の冒頭に、その項で松下が語り、訴えているポイントを要約しました。これらの要約文は松下自身の言葉ではありませんが、一読いただければ、教育に関する松下の考え方の概要をつかんでいただくことができると思います。また、各項目の末尾欄外に簡単な補足説明を付しました。あわせてご理解の一助としていただければ幸いです。

本書が、子育て中の皆様や、学校教育などに携わっておられる方々にとっての指針、よりどころとなることを願っております。そして、松下が念願したように自立した幸せな子どもが数多く育ち、豊かな社会と世界に誇れる立派な国家が築かれることを祈ってやみません。

ＰＨＰ総合研究所　経営理念研究本部

親として大切なこと◉目次

第2章

親が教えてあげる大切なこと

第3章

しつけ次第で子どもは育つ

第4章

素直な心で学べば子どもは育つ

第5章　正しいことを教えれば子どもは育つ

装丁◉一瀬　錠二（Art of NOISE）
装画◉川副　美紀
帯写真撮影◉貝塚　裕
本文デザイン・イラスト◉齋藤　稔
本文イラスト◉サクマメイ

第1章

子どもは磨けば必ず輝く

春が来て花が咲いて、初夏が来て若葉が萌《も》えて、野山はまさに華麗な装いである。

さまざまの花が咲き、さまざまの草木が萌え、さまざまの鳥が舞う。さまざま、とりどりなればこそのこの華麗さである。この自然の装いである。

花は桜だけ、木は杉だけ、鳥はウグイスだけ。それはそれなりの風情はあろうけれども、この日本の山野に、もしこれだけの種類しかなかったとしたら、とてもこの自然の豊かさは生まれ出てこなかったであろう。

いろいろの花があってよかった。

さまざまの木があってよかった。

たくさんの鳥があってよかった。

自然の理《り》のありがたさである。人もまたさまざま。さまざまの人があればこそ、豊かな働きも生み出されてくる。自分と他人とは、顔も違えば気性も違う。好みも違う。それでよいのである。

違うことを嘆くよりも、その違うことの中に無限の妙味を感じたい。無限の豊かさを感じたい。そして、人それぞれに力を尽くし、人それぞれに助けあいたい。

いろいろの人があってよかった。さまざまの人があってよかった――。

（『道をひらく』より）

人間としての優等生に育てる

すべての子どもが学校での優等生になることはできません。
けれども、〝人間としての優等生〟にはなれます。何よりそれが、尊いことなのです。

わが子を一人前の立派な人間に育てあげたいということは、いつの時代、またどこの国においても変わることのない、親としての自然な願いだと思います。

そういう願いから、ほとんどの親御さんが、自分の子どもが学校でいわゆる優等生になってほしいと期待しておられると思いますが、これもまた当然のことといえましょう。

しかしそうはいいましても、子どもさんの中には、勉強があまり得意でない人もありましょうし、生まれつき体がそう丈夫でない人もありましょう。

ですから、**すべての子どもさんがすべての面で人並《ひとなみ》以上にすぐれた優等生になることは、とうてい不可能だといわなければなりますまい。**

これは一面しかたのないことだと思います。

したがって、親たるものはこの点をよく心得て、子どもの学力なり体力をできるかぎり向上させることに努めつつも、子どもの素質や能力以上の期待をかけないように心がけなければなりません。

それが子どもを導く上での非常に大切な心がまえではないでしょうか。

ではそのように、全部の親が必ずしも子どもが学校で優等生になることを期待できないとするならば、それでは親として残念ではないかということになるかもしれません。

しかし私は、それは決して残念がるべきことでも嘆くべきことでもないと思います。というのは、私は、**人間として最も尊いことは、学校で優等生になることもさることながら、それよりも〝人間としての優等生〟になることだ**と考えているからです。

この〝人間としての優等生〟とは具体的にはどういう人かというと、それはまず第一に、万人に等しく与えられている共通の人間性というものに基づいて人間らしく生きるための基本的な知識なり良識をしっかりと身につけた上で、自分のもっている素質、才能というものを素直に生かしている人だということができましょう。

人はみな、共通の人間性の上にそれぞれ違った素質、性格を与えられています。一万の人がいれば一万の性格があるといえましょう。

たとえば、芸術を好む性格の人もあれば、あまり芸術は好まないけれども、物をつくることを好む人もある。また物をつくることについても、どういう物をつくるのを好むかというと、これもまた千差万別です。

その千差万別の性格なり素質というものを、それぞれが素直に生かしてゆくところから、人としての喜びや生きがいが生まれてくる。そういう喜びや生きがいを感じつつみずからの仕事に打ち込んでこそ、自分ばかりでなく周囲にも喜びを与え、ひいては社会全体の真の繁栄の実現にも役立ちうるのだと思います。

ですから、学問に秀でた人はその素質、能力をさらに伸ばして学者になり、社会に役立つ研究を進める。

また手先が器用な人は大工さんになって立派な建物を築きあげる。

あるいは商売に向く性格の人はセールスマンになって、物を売ることによって人のために役立ってゆく、というように、人それぞれが自分のもてる素質なり性格、能力を十分に生かす仕事につくことが、自分の喜びにもなり、また社会のためにもなる。そういう人になることが、私は人間としての優等生になることだと思うのです。

これならば、学校における優等生とは違ってすべての人がなることができるし、それは人生において何にもまして尊いことではないでしょうか。

そういう優等生になることをすべての親は子どもに期待すべきだと思うのです。

昨今のわが国には、往々にして親が子どもの適性を十分考えずに、上級の学校へ進学させようといった傾向があるようです。これは、学校の成績がよければ一流の高校なり大学に進学でき、そうなれば一流会社に入るのも容易で出世も早いというように考える風潮が存在するためでしょうが、私はこういう傾向、風潮は早晩なくしてゆかなければならない、また実際なくなってゆくものだと信じています。

それでは、子どもをそういう人間としての優等生にするための基本の心がまえとして大切なことは何かといいますと、それは、まず**子どもを素直な心**

の持ち主に育てるよう努めることだと思います。

子どもを素直な、私心のない心の持ち主に育てるならば、子どもは何が正しいことかということを、自主的に誤りなく判断できるようになりましょうし、自分の持ち味を生かすことの大切さ、尊さというものをもおのずと理解して、勇気と自信をもって自分の道を歩んでゆくこともできるようになりましょう。

素直な心とは、そのように人を強く正しく聡明《そうめい》にするものだと思うのです。

親も先生も、あるいは社会の有識者も、子どもを教え導いてゆく立場にあるおとな全部が、まずそういうところに目標をおいて子どもの教育なりしつけに熱意をもって取り組んでゆくことが大切なのではないでしょうか。

そうしてこそ、子どもを明るく強く正しい〝人間としての優等生〟に伸ばし育ててゆく道がひらけてくるといえるように思います。

松下幸之助は、成功の要因を問われるたびに、「確かに一経営者としては成功したかもしれないが、はたして一人の人間として成功したといえるのか」と自問しました。松下にとって真の成功とは、みずからに与えられた人間的能力を最大限に発揮することであり、それを終生、追い求め続けたのです。

子どもは磨けば必ず輝く

人間はダイヤモンドの原石《げんせき》のように、磨けば必ず光り輝く本質をもっています。これに気づいて一所懸命に磨けば、限りない可能性が花ひらくのです。

私は基本的には、人間というものは非常に偉大にして尊い存在であると、いつのころからか考えるようになりました。

生来、あまり丈夫なほうではなかった私は、独立して電気器具の製造を始めてからも病気がちで、寝たり起きたりの半病人のような姿で戦争のころまで仕事にあたってきました。

ですから、自分で先頭に立ってあれこれやりたいと思っても、なかなか思うようになりません。そこで、いきおい、しかるべき部下の人に任せてやってもらうことが多かったのです。

また任せるについても自分がそのような状態でしたから、中途半端に任せるのではなく、「大事なことだけぼくに相談してくれ。あとはきみがいいと思うようにやってくれ」というように思い切って任せざるを得なかったのです。

しかし、任されたほうは「大将が病気で寝ているのだから、任された自分がしっかりやらなければならない」と大いに発奮し、十二分の力を発揮してくれました。

しかも、そのように燃えている人たちが、みずからの力を存分に発揮しつつ、一つの目標に向かって他の人と協力していくことによって、一プラス一の力が三にも四にもなるという姿が生まれ、組織としても大きなことができたということが、たびたびありました。

そのようなことを経験していくうちに、人間とは偉大なもので、その能力や可能性というものには限りがないのではないか、と思うようになったのです。

私は、**人間というものは、たとえていえば、ダイヤモンドの原石のような性質をもっている**と思うのです。

すなわち、ダイヤモンドの原石は、もともと美しく輝く本質をもっているのですが、磨かなければ光り輝くことはありません。

まず、人間が、その石は磨けば光るという本質に気づき、一所懸命に磨きあげていく。そうしてこそ、初めて美しいダイヤモンドの輝きを手に入れることができるのです。

お互い人間も、このダイヤモンドの原石のように、見た目には光り輝くものかどうか分からない場合もあるけれど、**磨けば必ず光る本質をそれぞれにもっている。つまり、各人それぞれにさまざまな知恵や力など限りない可能性を秘めている。**

そのことにお互いが気づいて、個々に、あるいは協力してその可能性を磨いていくならば、人間本来のもつ特質、よさが光り輝くようになってきます。そこに世の中の繁栄も、平和も、人間の幸福も実現されてくると思うのです。

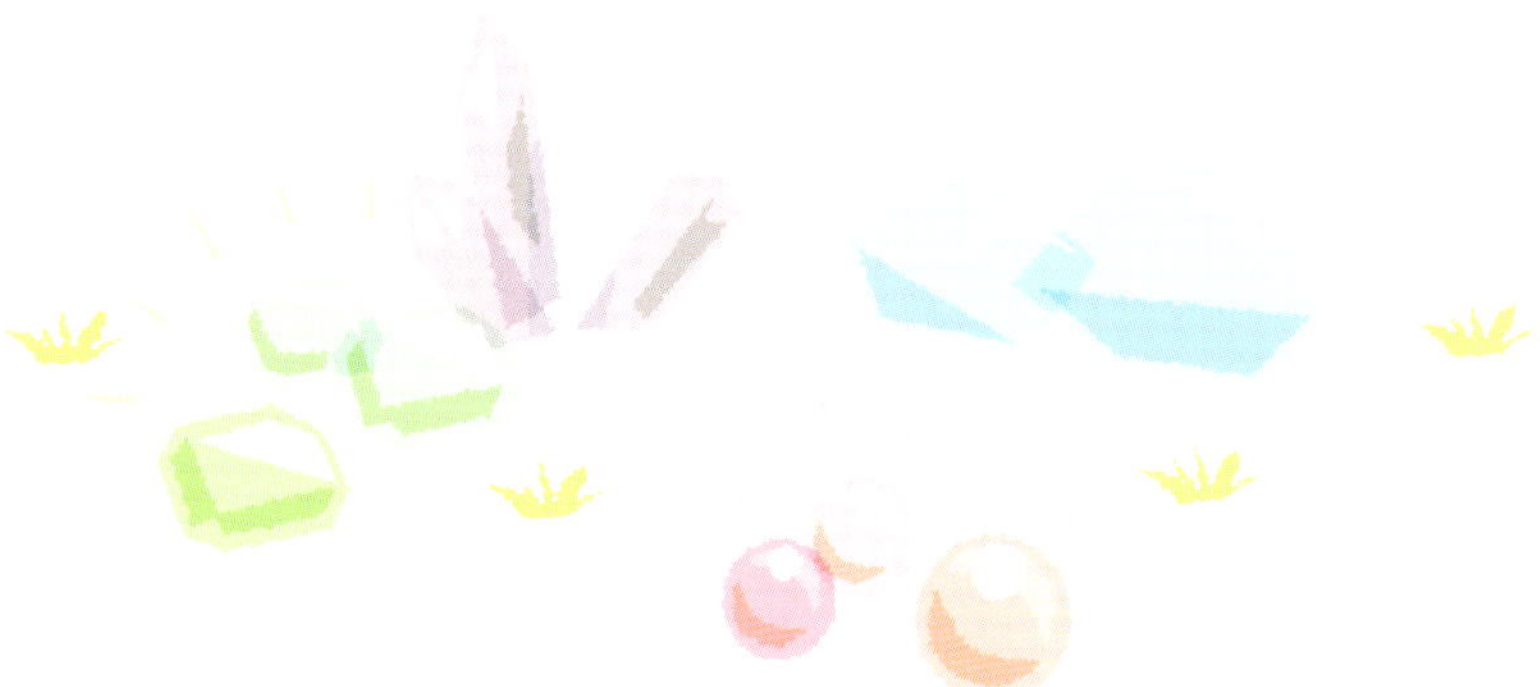

私たちは、この人間の偉大さというものに案外気づいていないのではないでしょうか。むしろ、人間というものは弱いものである、あるいは、信頼できないものである、自分勝手なわがままなものであり争いを好むものである、といった見方に立っている。

そこに今日生じているさまざまな混迷の一つの基本的な要因があるようにも思います。

お互いにこの人間の偉大な本質に目覚め、自信をもつということが大切だと思います。そして、ダイヤモンドの原石を磨くように、人間を本来の人間たらしめようと、これに磨きをかけていく。

そうすれば、人間が本来もっている偉大さが花ひらき、そこにはきっと大きな成果があがってくると思うのです。

“人間は偉大な存在”“磨けば必ず光り輝く”というのは、松下幸之助が長年の思索の末にたどりついた人間観です。松下電器から多くの一流経営者が輩出したのは、松下の人間に対するこの絶対的な信頼感に基づいた教育や指導のおかげだったといえましょう。

長所と短所の考え方

長所とか短所というものに、一喜一憂することはありません。それよりも、おおらかな気持ちでそれぞれの持ち味を生かすほうが大切です。

お互い人間は神ではありません。ですから、いわゆる完全無欠、全知全能などという人はいるものではありません。だれもが、程度の差こそあれ、長所と短所をあわせもっています。

そこで人は、ときにその長所を誇り、短所を嘆いて、優越感にひたったり劣等感に悩んだりします。

しかし考えてみれば、この長所とか短所というもの、それによって深刻に一喜一憂するほどに絶対的なものでしょうか。どうもそうではないような気がします。

というのは、**お互いの日々の生活においては、長所がかえって短所になり、短所が長所になるようなことが、しばしばある**からです。

事業経営を通じて長年のあいだに接してきた、たくさんの経営者の人たちについても、そういう例をよく見かけます。

経営者の中には、知識も豊富で話もうまく、行動力も旺盛《おうせい》といった、いわゆる〝手八丁、口八丁〟といわれる人がいます。そういうすぐれた能力を備えた人が経営者であれば、その会社は間違いなく発展していくようにも思われます。

しかし、実際には必ずしもそうでない場合が案外に多いのです。反対に、一見、特別にこれといったとりえもなく、ごく平凡に見える経営者の会社が、隆々《りゅうりゅう》と栄えていることもよくあります。

どうしてそのようなことになるのか、非常に興味があるところですが、それは結局、経営者の長所がかえって短所になり、短所が長所になっているということではないかと思うのです。

すぐれた知識や手腕をもつ人は、何でも自分でできるし知っていますから、仕事を進めるにあたっていちいち部下の意見を聞いたり相談をかけたりということをしない傾向があります。それどころか、せっかく部下が提案をしたような場合でも、「そんなことは分かっている」と簡単にかたづけてしまうことさえあります。

その結果はといえば、部下の人たちがすすんで意見を言わなくなり、ただ〝命《めい》これに従う〟といった姿勢で仕事にあたることになります。それでは各人の自主性も生かされず衆知も集まりませんから、力強い発展が生まれないのは明らかでしょう。

また、そのような経営者には、部下のやっていることがまだるっこしくてしかたがない、自分でやったほうが早いということで、仕事をあまり任せない傾向があります。

あるいは、かりに任せても、いちいち細かく口出しをする。そういうことでは、部下はやる気をなくしてしまいますし、すぐれた人材に育つということも、きわめて少なくなってしまいます。その面でも、会社の発展が妨げられるわけです。

一方、一見平凡に見える経営者の会社が発展するというのは、その反対の姿があるからでしょう。何でも自分で決めたりやったりするのでなく、部下の意見をよく聞き、相談をかけ、仕事を任せる。そのことによって全員の意欲が高まり、衆知も集まって、そこに大きな総合力が生み出される、といった経営を進めているわけです。

このように、長所が短所として働き、短所が長所として生きるということは、企業の経営にかぎらず、お互いの日々の生活の中にも、ままあるのではないでしょうか。

そういうことを考えるとき、**お互いにあまり長所とか短所にこだわる必要はない**、という気がするのです。長所も短所も、人それぞれに異なって与えられている天与の個性、持ち味の一面であると考えられます。

それは、お互い人間の小さな目で見れば長所であり短所であって、喜んだり嘆いたりする対象となるものかもしれません。

しかし、神のごとき大きな目で見れば、一人ひとりの顔かたちが違うのと同様で、是非善悪以前のものなのではないでしょうか。

もとより、自分に短所があると感じ、それに劣等感を抱く、また長所を自覚して優越感を抱くというのも、人間としての一つの自然の感情だと思います。

また、そうした見方に立って、自分の個々の長所をさらに伸ばし、短所の矯正《きょうせい》に努めるということも、一面では大切なことだと思います。

しかし、基本的には、**長所と短所にあまり一喜一憂することなく、おおらかな気持ちで、自分の持ち味全体を生かしていくよう心がけることが、より大切なことではないか**と思うのです。

松下幸之助は、松下電器発展の要因として、自分が病弱だったことと学問がなかったことをあげることがありました。病弱ゆえに人に思い切って仕事を任せられ、立派な経営者が育った、学問がなかったから多くの人の知恵を集められた、というのです。一般には短所と思われることが長所として生きた実例です。

学問にふり回されない

学問があるのは大いに結構ですが、なくても気にすることはありません。学問がなくても、生きる道は必ずあるからです。

私は、いわゆる学問らしい学問は、まったくといっていいほどせずに育ちました。満九歳、小学校四年生のときに、大阪の商店で奉公を始めましたから、小学校も途中でやめているのです。

もちろんそれは、自分でそうしたくてしたのではありません。むしろ学校へ行きたいという気持ちは、人一倍強かったように思います。

今でもよく覚えていますが、私が奉公していた店のすぐ向かいの家に、同じぐらいの年の子どもがいました。毎朝、店の掃除をしているときに、その子が学生服を着て、「行ってきます」と家を出ていきます。その姿をほんとうにうらやましいと思いながら見たものでした。

ですから、できることなら私も学校へ行きたかった。けれども、家の事情がそれを許さなかったのです。

しかし、あとになって考えてみると、そのように**学問がしたくてもできなかったことが、かえって自分の役に立ったのではないか**という気もしています。

それはどういうことかというと、独立して事業を始めてから、だんだんと多くの人たちに社員として働いてもらうようになったのですが、そのときに、それら社員の人たちが、みんな自分より偉く思えたのです。

自分は学問をしておらず、あまりものを知りません。それに反して、社員として会社に勤めてくれる人たちは、みな学校を出て学問があり、いろいろな知識をもっています。となれば、私がそういう社員の人たちを自分より偉いと尊敬するのは当然です。

そこで、おのずと社員の人たちの意見に耳を傾けるようになります。

そうすると社員の人たちも、私のそういう態度に応じて、それぞれにもっているすぐれた知恵や力を大いに発揮してくれるというわけで、そこには私一人の力ではない、全員の総力を集めた、いわゆる衆知《しゅうち》経営というものが生まれてきました。

それが会社を着実に発展させる一つの大きな要因になったように思うのです。

もっとも、そうはいっても、それは学問というものがお互いにとって不必要だということでないのはもちろんです。

学問が大切なものであることは改めていうまでもありません。これまで多くの先人たちが、さまざまな学問に励んでくれたおかげで、今日の人間社会の進歩発展が実現されてきているわけですし、これからも学問の必要性はますます高まっていくでしょう。

しかし、その必要性が高まれば高まるほど、それにとらわれないようにすることがいっそう大事ではないかと私は思うのです。

もし学問が大切だからといって、そのことにとらわれ、学問がなければ何もできないというように考えることがあるならば、それはやはり好ましいことではない。

学問があることは大いに結構だが、なくてもかまわない。なくてもそれなりに生きる道はある。そういう柔軟な考え方に立つことが大事なのではないでしょうか。

最近の世の中を見ていると、どうもその点が忘れられているような気がしてなりません。お互いが学問にとらわれ、学問にふり回されている姿が少なくないように思うのです。

学問なりそれを通じて得られる知識なりというものは、あくまでもお互いが生活していくための道具にすぎません。

これを適切に使えば、非常に効果的である反面、使い方を誤れば、そこに大きな弊害が生じてきます。**場合によっては、学問があるためにかえって自分の身を滅ぼすといったことも起こってきます。**

ですから私たちは、学問、知識が道具であることをよく認識して、これにとらわれることなく、正しく生かしていかなければならない。そのためには、自分がその道具を使いこなせるほどに成長しなければならないわけですが、そのへんがどうも十分ではないような気がするのです。

今日では高学歴化が進んで、たくさんの人が上級の学校に進学するようになっているだけに、よけい学問にとらわれないことの大切さ、これを正しく生かすことの大切さを忘れてはならないと思います。

松下幸之助は、学問の大切さを認めつつも、一方で高学歴志向が強い風潮を憂えていました。学問がなければ何もできないという考えから明確な目的もなく大学に進学する人が多く、かえって不幸を招くことにもなっているのではないかと述べ、“大学半減”といった思い切った提言もしています。

人間そのものを高める教育が大事

知識は道具です。
何をおいてもまず、その
道具を正しく使いこなせる
人間そのものを高める教育
こそが必要です。

このあいだどこかの造船所で、大きな金庫から二千万円という金が盗《と》られましたね。どうやって盗ったかというと、溶接機を持ってきて、鉄扉を溶かして穴をあけたというわけです。

これは知識がなければできませんわね。（笑）だから、知識があってこれを有効に使えば弁慶が薙刀《なぎなた》を使うようにうまくいくと思いますが、弁慶その人を育てずして、刀だけを持たすということになると、いま言ったようなことになりはしないだろうか。

これは恐ろしいことだと思うのです。

知識というものは道具である。身につけた道具である。刀とかそういうものは、身に持つ道具であるが、知識は身に吸収した道具である。

そのように考えてもさしつかえないと思います。

そうすると、その道具を使いこなせる人間がまず高まらないといかんのではないか、その人間を高めないで道具だけたくさん与えたところで、ウロウロするばかりだろう、あるいはそれを間違った方向に使うかもしれないということがいえはしないか。

やはり**人間そのものを高めるというか、その人自身を立派に高めていくという教育が必要で、これがほんとうの教育だと私は思うのです。**

今日の教育というものは、名は教育でありましても、ほんとうの教育になっていないのではないか、ということを私はいいたいのであります。

教育というものは、その人のもつ人間性を高めていくということだと思います。**知識とかそういうものを与えることだけが教育ではない。それは第二義的な教育である。**それは育っていく人間に知識を与える、つまり道具を与えることであって、教育そのものではない。人を育てることでなくて、単に人に知識を与えるにすぎないものである。

現在の日本の教育は、それをむしろ教育の中心とし、ほんとうの教育であるところの人間そのものを育てるということをおろそかにしてしまっているのではなかろうか。

だから私は、極端な言い方をすれば、現在の日本には教育というものはない、といってもよいくらいに思うのであります。

まあ、これは極端な表現でありますが、私はやはり教育の中心は人間そのものを育てることであると思います。そしてその他の知識、技術というものは、それに伴うところの教育であると広義に解釈したらどうかと思うのです。

ところが、その広義に解釈する第二義的なものをもって教育の中心とし、人間そのものの教育を忘れてしまっているのが今日の社会ではないか、という気がいたします。これは皆さんもひとつお考え願いたいと思うのであります。

経営者としての松下幸之助は、社員の人たちに対して「よき企業人であると同時によき社会人であれ」ということを求めていました。仕事が上手ならばいい、腕さえよければ人柄は二の次でもということはない、と述べています。子育てにおいてはなおのこと、人間性を高める教育を心がけたいものです。

親自身が人生観をもつ

「ああしなさい」「こうしてはいけない」としつけること以上に大切なこと、それは、親自身が一つの人生観・社会観をしっかりもつことです。

〝親になるのはやさしいが、親であることはむずかしい〟という言葉を聞いたことがあります。どなたが言い出されたのか知りませんが、確かにそのとおりの一面があると思います。

そして、その親としてむずかしいことの最《さい》たるものが、子どものしつけ、教育というものではないでしょうか。

昔から「三つ子の魂《たましい》百まで」とか、「鉄は熱いうちに打て」とかいわれますが、お互い人間が一人前の立派な人間として成長していくためには、**生まれてからおとなになるまでに、人間として大切なことを、しっかりしつけられ教えられるということが、どうしても必要**です。

人間としての生き方というものは、だれからも導かれずして自然に養われるというものではありません。どのような偉人であろうと、やはり子どものうちに、人間としての正しい方向づけがなされる必要があるわけです。

そうした子どもたちに対する方向づけというものは、広くは、その時々に生きるおとな全体が果たすべき役割であり責任であるといえましょう。

しかし、直接的にはやはり、日々子どもに接している親が、いちばん大きな責任を担っています。

したがって親であるかぎりは、この責任を子どもに対するしつけ、教育というかたちで、どうしても果たしていかなければなりませんが、これがなかなかむずかしい。

私自身も、一人の父親として、その役割を担う立場にあったのですが、ふり返ってみると、自分の事業なり仕事に専心してきた結果、子どものしつけ、教育についてはすべて家内に任せきりだったというのが正直なところです。

したがって、子どものしつけ、教育についてあれこれ言う資格はないように感じますが、自分なりに一つきわめて大事だと考えていることをあえて述べてみたいと思います。

それは**親自身が一つの人生観なり社会観というものをしっかりもつということ**です。

私は、親が直接的に子どもに「こうしなさい」「こうしたらいけない」といったように教えたりしつけたりすることはきわめて大切だと思います。
しかし、それとともに、あるいはそれ以上に必要なのが、このことだと思うのです。

親にそういうものがあれば、それが信念となって、知らず識《し》らずのうちにその言動に現われ、それが子どもに対する無言の教育になっていくでしょう。

そういうものをもたずして、いくら口先だけで、「ああしなさい、こうしなさい」と言ったとしても、それは、何も言わないよりはいいにしても、十分な効果があがるかどうかは疑問だという感じがするのです。

ですから、親となった以上は、その良否はむろんあるにしても、何らかの人生観、社会観をみずから求め、生み出さなくてはいけないと思います。

松下幸之助は、企業経営において経営者たるもの、立派な教えを説いて聞かせることも大事だが、それ以上にみずから身をもって実践することが大切だと訴えていました。“背中で教育する”のが大事だというのは、企業における人材育成と子育て、いずれにも相通ずるものがあるのではないでしょうか。

第2章

親が教えてあげる大切なこと

人間は偉いものである。たいしたものである。動物ではとてもできないことを考え出して、思想も生み出せば物もつくり出す。まさに万物の王者である。

しかしその偉い人間も、生まれおちたままにほうっておいて、人間としての何の導きも与えなかったならば、やっぱり野獣に等しい暮らししかできないかもしれない。

古来、どんなにすぐれた賢者でも、その幼いころには、やはり父母や先輩の教えを受け、導きを受けてきた。その上に立っての賢者であって、これらの教え導きがなかったら、せっかくの賢者の素質も泥に埋もれたままであったろう。

教えずしては、何ものも生まれてはこないのである。教えるということは、後輩に対する先輩の、人間としての大事なつとめなのである。その大事なつとめを、お互いに毅然《きぜん》とした態度で、人間としての深い愛情と熱意をもって果たしているかどうか。

教えることに、もっと熱意をもちたい。そして、教えられることに、もっと謙虚でありたい。

教えずしては、何ものも生まれてはこないのである。

(『道をひらく』より)

自立心を育てる

「ああ、よしよし」より、「できることは自分でしなさい」と教える。そこから、「自立した心」が育まれてくるのです。

家庭の教育、子どもの教育にも一つの道がある。その道に沿った教育に成功しなくてはならんという感じがいたします。

ある一つの家庭では、子どもがお母さんに、

「お母さん、それちょっと取ってちょうだい」

「ああ、よしよし」

と言って取っておられる。これも悪いとはいいません。

しかしある家庭では、

「お母さん、それちょっと取ってちょうだい」

「**あなたはもう大きくなったんやから、そういうことは自分でするんですよ。**あなたのできないことは、お母さんがしてあげますから言いなさい。こういうことは、あんた自身でやるんですよ。また、お母さんだけやなく、人に頼んでもいけませんよ。それは自分でやるんですよ」

というようなやり方。

どちらがいいかということは問題ありましょうが、**そういうようにやっていると、自分のことは自分でしなければならないと分かる。そこに自主独立の精神というものができてくる**と思うんですね。

何でも「ああ、よしよし」と言って取ってやる教育のしかたと、そういう教育をしている家庭と、どちらがいいか。

今、どちらをよしとしているか、私はよく知りませんが、私であるならばあとのほうがいい。そういうことをしなくては、子どもは健全に育つことができないと思います。

松下幸之助は、“人生も経営である”と考えていました。経営である以上は自立していなければいけない、そして自立した人々が集まり協力することで社会はよくなり、個人もまた、生きがいある人生を送れるというのです。自分の幸せを他に頼るのでなく、自分でつくり出せる人を育てることが大事でしょう。

子育ての原則を知る

言うべきことを言い、叱るべきときに叱り、かわいがるときにかわいがる。こうして育てられた子どもは、感謝する心を学びます。

中学校の卒業生が、卒業にあたって、長年お世話になった先生に心から感謝する。そうして、静かに学校を懐かしみつつ去っていく生徒も多数ございます。しかし、一部には、長いあいだお世話になった先生を、棍棒《こんぼう》を持って追いかけたということが、ときどき新聞に出ております。昨年の卒業期にも出ておりました。

そういう姿はなぜ起こるんでしょうか。特異性格者もいましょうが、単にそういう人は特異な人やとはいえないと思うんです。

権威をもって教育しているという態度からは、そういう乱暴な人が出ることはまず稀有《けう》と考えていいでしょう。

精神をこめて教え導き、ほんとうに叱るべきことは叱っているのかどうか。温かい心をもって叱るべきことを叱っているのかどうか。

そうして育ってきたならば、彼らには魂が入るだろう。

ほんとうにありがたいということが分かるだろう。

自分が今日あることは先生のほんとうに親切な教え導きによってであるという、感謝の念が湧くだろうと思います。

しかし、今子どもは、やはりどこかに不平をもっているのではないか。ほんとうに言うべきことを言い、叱るべきときには叱り、かわいがるときにはかわいがるということをやれば、子どもは正直でありますから、分かってくると思うんです。

そういうことをせずして、いいかげんなことをやっていると、子どもは正直でよく見ている。あの先生不親切やなあ、というようにして、先生をバカにすることも起こってくると思います。

これと同じように、親をバカにする子どもが出てくる。

親をバカにし、先生をバカにすることは原則として許されない。あってはならんと思うんです。しかしたまにあるということは、**親が親として言うべきことを言うていないところに起こる場合が多い**と思いますね。

子どもの性質はみな千差万別であります。

ある家庭ではこういう教育をしている。そういう教育がその子どもにはちょうど適合している。しかしうちの子にそのとおりにやっても、子どもは違うから、かえって逆になることがあります。だから人を見て法を説くことになります。

しかしそれでも原則というものがあると思います。子どもはやはり厳しくしつけていく。温かいうちにも厳しくしつけていくことが、やはり原則だろうと思うんです。

昔のように厳しいだけで、子どもの立場とか子どもの人権を無視して、権柄《けんぺい》ずくで親の権利を主張することは、今日は許されない。これはいうまでもありません。

けれども、**かわいいわが子のために親が厳しくしつけることは、これは親の尊い義務だ**と思います。そういうことに取り組む勇気がない、それだけの熱意がないということは、失敗だと思うんです。

松下幸之助は、言うべきを言い、叱るべきを叱るという厳しさがあって初めて、人は目覚め成長すると考えていました。時には社員が卒倒するほどの厳しさで叱ることもあったそうですが、そうした中から優秀な社員が数多く育ってきたのです。

感謝の心とこわさを知る

感謝する心から、思いやりが生まれます。こわさを感じる心から、慎み深さが培《つちか》われます。そういう人が、正しい道を歩んでいけるのです。

今日の社会では、私にしてもあなたにしても、どんなに一人で力んでみたところで、ただ一人の力で生きることは、まったく不可能です。親、きょうだい、先輩、同僚、後輩に助けられて毎日を送っていることはもちろん、見も知らない世界各地の人々とも、何らかのつながりをもって生きています。

人ばかりではありません。環境や物、そのほか身のまわりのすべてのおかげで生きています。自然の恵み、神仏の加護ということもあります。私やあなたをここにあらしめてくれた祖先があります。

ここに、それらに対する感謝の心が、人間として、当然のように生まれてこなければならないといえましょう。自分はだれの力も借りず、自分の力で生きている。だれの世話にもならず、したがって頭を下げることもない。こういう考え方をもつとしたら、その瞬間から、その人は荒涼殺伐《こうりょうさつばつ》とした争いの中に身を投じることになりましょう。

すべてに感謝する心があってこそ、思いやりの心も生まれ、人の立場を尊重する行動もできる。ともに栄え、ともに幸せに生きようという道にも通じるのです。

また、こわさを知るということを、あなたはどう考えますか。

「こわさを感じるのは臆病《おくびょう》だからだ。こわがっていて何ができよう」

もしそう考えたら、たいへんな間違いです。そんなことではない。**こわさを知るとは、そういうしりごみではなく、積極的な前向きの姿勢です。それは謙虚ということに通じるものです。**

たとえば、子どもは親をこわいと感じ、店員は店主をこわいと思い、社員は社長がこわい。社長は部下がこわい、世間がこわい。そういうふうに、人はそれぞれにこわいものをもっています。

それだけではありません。自分自身がこわいという場合があります。**ともすれば怠け心が起こるのがこわい、傲慢《ごうまん》になりがちなのがこわい。人はとがめなくても、こういうことをすれば、自分自身として恥ずかしいと感じるこわさがある。**

これらは、暗闇《くらやみ》がこわいとか、犬がこわいとかいうこわさとは次元が違うこわさです。そして、そういうこわさを、みずから求めてでも、常にもつことが、感謝の心と並んで重要だと思います。

そういう意味のこわさを感じ、おそれを抱き、身を慎む。この態度のない、いわゆるこわいもの知らずは、結局、身を滅ぼすことになります。感謝を忘れ、こわさを知らない個人も団体も、必ず自分の力を過信し、暴力をふるい、権力をふりかざし、その果てに、滅びの門に突入することになるのです。

ですから、こわさを常に抱き、おそれを感じつつ、日々の努力を重ねていくことです。そこに、慎み深さが生まれ、自分の行動に反省をする余裕が生まれます。自然、**自分の正しい道を選ぶ的確な判断も、よりよくできるようになる**のです。

すべてに感謝しながら、こわさを知る謙虚さを持《じ》し、そうして着実に前進への努力を続ける――あなたの真の力はそうしてこそ養われていくといえましょう。

幸せな人生を送るために大切なことの一つとして、松下幸之助は“ありがたさが分かる”ことをあげていました。周囲の人への感謝はもちろん、今ここに生かされているのは空気がふんだんにあるおかげだというところにまで感謝の念をもつとき、生きていることへの喜びが生まれ人生が豊かになるというのです。

辛抱することを教える

苦労も辛抱して取り組んでいれば、やがて苦痛は減り、希望に変わっていきます。そのことをぜひ、子どもたちに伝えたいものです。

世間では、人間は苦労しないといけないということが、しばしば言われます。私の子どもの時分には特にそういう言葉があったのです。

先輩が後輩に教える第一として、**苦労せよ、苦労しないことには一人前になれない**、ということを教えたものです。子どもから青年にかけて、先輩から常にそういうことを言われました。

その時分は、大部分の者はそれを素直に受けていました。先輩の言うことですし、地位の高い人が体験としてそういうことを言うのですから、分からないながらも、そんなものかなあと思っていたのです。

そして、そういうことを言われることによって、その日の仕事の苦労、その日の仕事の苦痛というものを忘れてしまうというようにもなっていたと思うのです。

寒中、氷の張るようなときに、ぞうきんで拭《ふ》き掃除をするということは非常につらいことです。しかし、このつらいことがやがて成功のもとになると先輩が言っているのだなと考えてみると、それは辛抱ができるのです。辛抱できるからそのことが身についてきます。

ただいやでいやでしょうがないというだけであれば、その苦労は身につかないと思います。しかしそう言われているから辛抱する、**辛抱するから、その技術なり仕事が身につくのです。そうすると苦痛が少なくなってきます。苦労も少ないようになります。苦労が希望に変わってきます。**

そうしてみると、一つの拭き掃除にしても、拭き掃除はどうしてやるべきものであるかということが分かってくる。

ただぞうきんをしぼって、そして拭いたらそれでいいというのではありません。ぞうきんのしぼり方というもの、ぞうきんの水のしぼり方ということがまず第一に問題になります。

ぼとぼとにしぼって拭いたほうがいいのか、からからにして拭いたほうがいいのかということが自然に研究されると思います。

やはり私はそこにはそこに適正な湿度というもの、しぼり方というもの、そういうものがあろうと思うのです。それによって拭くと、拭き掃除でも能率的であり、拭くものも傷《いた》めない、そして適当にほこりを取るということになるわけです。そのコツを私は自然に会得《えとく》させられたのです。

これは拭き掃除ですから、事は簡単だとも考えられますが、拭き掃除一つにしても、真をうがつというようなところにきますと、ぞうきんのしぼり方いかんというものが非常に問題であり、それによっていい掃除ができるかどうかが決まってくるのです。

それがもっと複雑な仕事になれば、ぞうきんの水のしぼり方いかんということ以上に、むずかしいコツというものがあろうかと思います。科学的な学理というか、基本というか、そういうものをほんとうに生かすためには、それを基盤とした一つのコツというものを会得しなくてはならないのではないかと思うのです。

そのコツを体得するということは、決して楽な業《わざ》ではないと思います。相当精魂《せいこん》をこめなければならないと思うのです。

それはやはり一つの苦労だと考えられます。しかし苦労であっても、それをやらなければ一人前になれないのだということを、青少年のあいだから、常に先輩に聞かされていますと、それは苦痛でなくなってくるのです。それは希望に変わるのです。

ですから、そのコツを体得することに対して精魂を傾けるということができてくると思います。

そのようなところに、一つの技術というか、技能というか、そういうものを習得する一つの心がまえがあろうかと思うのです。

今日ではどうか知りませんが、私の若いときは、「しんどくても喜んでせい、苦労はもちろん、しんどいことは買ってでもせい」と教えられたのです。

しかし、そういうことを教えられて、ああそうかと思っている者としては、買ってでもしなければならない苦労、しんどい目を、金をもらってするのですから、これは感激です、ほんとうは。

松下幸之助は自転車店で小僧生活をしていたころ、父親にこう言い聞かされました。「昔から偉くなっている人はみな、幼いころに他家に奉公するなど苦労して立派になっているのだから、決してつらく思わずよく辛抱せよ」。何かを習得し成功を収めるための近道はないという父の教えを、松下は守ったのでした。

第3章

しつけ次第で子どもは育つ

朝起きて顔を洗ったら、まず仏前に座って手を合わす。一家そろって手を合わす。たとえ線香の一本でもよい。これで朝のけじめがつく。夜寝るときも同じこと。夜は夜で、キチンとけじめをつけねばなるまい。別にかたちにとらわれる必要はないけれど、一日のけじめはこんな態度から生まれてくる。

何ごとをするにも、けじめがいちばん大切で、けじめのない暮らしはだらしがない。暮らしがだらしなければ働けない。よい知恵も生まれないし、ものも失う。

商売も同じこと。経営も同じこと。けじめをつけない経営は、いつかはどこかで破綻《はたん》する。景気のよいときはまだよいが、不景気になればたちまち崩れる。立派な土手も蟻《あり》の穴から崩れるように、大きな商売も、ちょっとしたけじめのゆるみから崩れる。

だから常日ごろから、小さいことにもけじめをつけて、キチンとした心がけをもちたいもの。

そのためには何といってもしつけが大事。平生《へいぜい》から、しっかりしたしつけを身につけておかねばならない。自分の身のためにも、世の中に迷惑をかけないためにも。

お互いに、しつけを身につけて、けじめのある暮らしを営みたい。

（『道をひらく』より）

自分で道をひらいてゆく子に

子どもが転んでも、自力で起き上がるまで待つ――こんなしつけの中から、子どもは自分の道を切りひらいてゆく心がまえを身につけるのです。

しつけは、人間をほんとうに幸せにするために行うのであります。だから、人おのおの天分を発見し、これを伸ばしてゆくためにこそしつけが行われなければならないと思うのであります。

子どもが転んでも親は決してこれを起こそうとしない、いかに泣き叫んでも、その子どもが自力で起き上がるまではじっと待っている。

こんなしつけの中から、子どもは自然と自主独立の精神を身につけてくる、他人に頼らないで、自分で自分の道を切りひらいてゆく心がまえを身につけてくるのであります。

そしてやがて一人前になると、今度はほとんど干渉せずに、子ども自身の判断に任せ、自由に行動させるのでありますが、そのときには、子どもはすでに自己判断の力が養われていますから、自由にしておいても、その行動を誤るということが少ないのです。

一人前になるまでは厳重にしつけを行なって、一人前になると自由に行動さす――これはまことに当を得たやり方だと思います。

もちろん厳重にやるといっても、打つとか折檻《せっかん》するということではありません。これでは子どもがいじけてしまいます。本来の人間性がゆがめられてしまうのであります。

そうではなくして、その**天分を伸ばしてやり、その子に本来与えられている生命力を自覚させてやるのがほんとうのしつけであります。**ですからそれは、もともと窮屈なものではなく、のびのびとした中に行われなければならないのであります。

子どもはきわめて純粋で、もともと何の汚れも身につけていないのでありますす。鏡のような清らかさをもっているのが子どもでありますから、これをゆがめないようにしなければなりません。

それをかたちにとらわれてしまって、無理やりに一定の型に押しこめようとするから窮屈になり、かえって反抗を受けるようになってしまうのであります。**苗木《なえぎ》を育てるためには副木《そえぎ》が必要です。すくすくまっすぐに育てるためには副木が必要なのです。**

さもなければ、苗木は自分の力で立っていられない。ほうっておけば、雨風にゆがめられてとんでもない曲がりくねった姿になってしまいます。

しかしやがて自力で伸びてゆけるようになれば、自然と副木は必要でなくなってくる、要らなくなってくるのであります。

しつけとはこの副木のようなものであります。副木は苗木をゆがめてしまうためにあるのではなく、これを伸ばすために立てるのであります。

しつけの立派な家庭では、有為《ゆうい》な子どもが育ちます。しつけを誤りなく行なっている学校からは、すぐれた人材が生まれてまいります。社員に対するしつけが秩序正しく行われている会社では、優秀な製品がつくられます。

私たちは、終戦後とかくおろそかにされがちなしつけについてもう一度反省し、正しい認識をもって、**家庭や学校はもちろん、社会全般にわたって、しつけを実行する風潮をつくりあげたいと思います。**

松下幸之助は、国家であれ企業であれ個人であれ、他をあてにしたり、他に依存したりする姿勢を厳しく戒めていました。特に子どもの堅実な成長と真の成功を望むのなら、自分で自分の道を切りひらいてゆく心がまえを幼いうちから養うことが欠かせないということでしょう。

礼儀作法は潤滑油

礼儀作法は、堅苦しいものでも、単なる形式でもありません。社会生活を滑《なめ》らかに動かすための潤《じゅん》滑《かつ》油《ゆ》です。心のこもった礼儀作法を、きちんと形に表わせる人に育てたいものです。

「最近の若い人は、礼儀を知らない」ということをときどき聞きます。

これは、戦後、家庭や学校において、あまり礼儀作法やしつけということを言わなくなったところに、一つの大きな原因があるように思われます。

もちろん、礼儀作法をキチンと身につけている若い人も少なくないでしょうが、このごろは、先生と生徒は友だちどうしのようであることがいいことだといった考え方も一部にはあるようで、そういうものを知らないままに社会人となる若い人が増えてきつつあるのも事実ではないかと思うのです。

けれども、**社会生活においては、当然、キチンとした礼儀作法が要求されます。**それは、それまでそういうことには比較的無頓着《むとんちゃく》であった若い人々には、いささかならず堅苦しいことのように感じられるかもしれません。しかしたとえそう感じる若い人でも、自分が傍若無人《ぼうじゃくぶじん》のふるまいをする礼儀知らずの人に出会ったら、どんな感じがするでしょうか。それを考えれば、その必要性についてはだれもが認めるところでしょう。

私は、礼儀作法というものは、決して堅苦しいものでも、単なる形式でもないと思います。

それはいわば、**社会生活における〝潤滑油〟のようなもの**といえるのではないでしょうか。

機械と機械がかみあってゴウゴウと回るとき、潤滑油がなければ、摩擦《まさつ》が起こり火花が散ったりして、機械は早く傷《いた》んでしまいます。それと同じように、人間と人間のあいだにも、潤滑油が要ると思うのです。その役割を果たすのが礼儀作法なのです。

ですから、**礼儀作法というものは、当然心のこもったものでなければなりませんが、心に思っているだけでは、潤滑油とはなり得ません。やはり形に表わし、相手に伝わりやすくしてこそ初めて生きてくるものです。**

松下幸之助は、義務教育においては徳育を中心に、知育、体育の三つをバランスよく行うべきだと、しばしば訴えていました。特に礼儀作法は、ただ頭で覚えるのではなく体で覚えることが必要だとして、“鉄は熱いうちに打て”といわれるように吸収力の盛んな幼少年期から教えることが望ましいと考えました。

よきしつけを

幼いときからキチンとしたしつけを受けて育った人は、動作が違います。

しつけは窮屈にせず、自然なかたちを心がけることが大切です。

戦後、家庭には家庭のしつけというものがなくなった。会社には会社のしつけというものがなくなった。それから国民には、国民のしつけというものがなくなった。

これがいちばん問題やないかと思うんですね。

私もこのごろ、曾孫《ひまご》ができましてな。今二歳、二年何カ月ですよ。こんな小さいんです。

その母親から見たら私はおじいさんですわ。曾孫から見たらひいおじいさんですな。

それで、母親が、

「ひいおじいちゃんにおじぎしなさい」

と、こう言うでしょう。

すると、ちゃんとおじぎをするんですよ。しつけているわけですわな。何も言わなんだら、おじぎしないです。そうすると、今度はもう言わんでも、来たらぐっとおじぎするんです、かわいいもんですな。

そういう何でもないような家庭のしつけというものが、やはり好もしいですな。それが全然ないとはいいませんが、きわめて少ないですね。

ある程度がっちりした生活をしている人は、どことなしに動作が違いますな。**しつけのある家庭と、しつけのない家庭とがありますわな。どっちかというと、やっぱりちゃんとしつけをやられた、そういう意味の教育を受けた人のほうが好もしく映るんやないですかな。**

だから、よきしつけというものが絶対に必要である。それによって人間もできてくるということがいえると思うんです。

やはり少年といいますか、幼年のときから、それぞれのかたちにおいてしつけられないといかん。

しかもそれは窮屈であったりとか、行きすぎたものではいけない。自然なかたちにおいてしつけていくということが、私は非常に大事やと思いますね。

そういう者が大きくなると、国民全体の上にしつけというものが生まれてくる。そういう国民的しつけというものが、今、全然ないんですよ。

今、教育でも知育、体育、これは相当盛んですわ。しかし徳育というものが盛んとはいえまへんな。家庭ではしつけをやる。学校では徳育をやる。そういうふうにすれば、バランスのとれた人間ができる。

やはりよい家庭で育ったら、自然に備わる行儀作法というのが出てきますわな。

それがその人の徳というものを表わす一つの姿ですわね。

松下幸之助は9歳のときから数年間、丁稚奉公生活を送り、そこであいさつの仕方、おじぎの仕方から商売人としてのものの見方・考え方まで、さまざまなしつけを受けました。自分が今日あるのは、このとき実に親身な、また厳しいしつけを受けたおかげであると、後年、よく語ったものでした。

厳しさと優しさをもつ

〝寛《かん》厳《げん》よろしきを得る〟とは、厳しさと優しさ、叱ることとほめることとを半々に表わすことではありません。

厳しさはなるべく少ないほうがよいのです。

江戸時代の名君の一人である備前《びぜん》岡山の藩主《はんしゅ》池田光政がこういうことを言っている。

「国家をよく治めようと思えば、指導者には威《い》と恩《おん》の二つがなくてはいけない。威がなくて恩ばかりでは、甘やかされた子どもが教訓を聞かないようなもので、ものの役に立たなくなってしまう。

反対に威をもって厳しくばかりすれば、一応言うことは聞くが、ほんとうにはなつかず、結局うまくいかない。

恩をもってよくなつけ、しかも法度《はっと》の少しも崩れないように賞罰を行うのをほんとうの威というべきだろう。だから、恩がなければ威も無用となり、威がなくては恩も役に立たない。

ただ、その際大事なのは下情《かじょう》を知ることで、それがなくては恩といい、威といってもほんとうには生きてこないものだ」

まことにこれは至言だと思う。

威と恩ということは、いいかえれば、**厳しさと優しさ**ということであろうし、あるいは**叱ること**と**ほめること**といってもいいだろう。その二つをともにもって、しかもそのかねあいを適切にしなくてはならないということである。

優しいばかりでは、人々は甘やかされて安易になり、成長もしない。かといって厳しい一方では、畏縮《いしゅく》してしまったり、うわべだけ従うというようになって、のびのびと自主性をもってやるという姿が生まれてこない。

だから、そのどちらにかたよってもいけないわけで、恩威《おんい》あわせもつ、いわゆる**寛厳よろしきを得る**ということが大切なわけである。

ただ、寛厳よろしきを得るということは、厳しさと、優しさ、寛容さを半々に表わすことではないと思う。

厳しさというものはなるべく少ないほうがいい。二〇パーセントの厳しさと八〇パーセントの寛容さをもつとか、さらには一〇パーセントは厳しいが、あとの九〇パーセントはゆるやかである、しかしそれで十分人が使えるというようなことがいちばん望ましいのではないだろうか。

実際、世間には、だいたいにおいて部下の人に対して「結構、結構」とゆるやかな態度でいながら、それでいてみなよく働き、成果もあがっているという姿の指導者もある。それはその人が、**何かしら厳しさの芯というかポイントを押さえていて、それでその厳しさがみなによく浸透している**からなのであろう。

そういうことは、光政の言葉にあるように、下情、いいかえれば世間の実情なり人情の機微に通じてこそできるのだと思うが、いずれにしても、指導者はできるだけ厳しさを少なくして、しかも寛厳よろしきを得ることができるよう心がけることが大事だと思うのである。

松下幸之助は、“人情の機微をわきまえる”ことの大切さを、企業の人材育成の要点としてしばしば述べていますが、子育てにおいても同じことがいえるでしょう。ここで述べた厳しさと優しさのバランスをとることのほかに、“信賞必罰”も、わが子が健全に育つために親として心しておきたいことです。

小事こそ大切にする

小さな失敗や過《あやま》ちは、往々にして不注意や、気のゆるみから起こります。
だからこそ軽んぜず、しっかり対処したいものです。

三菱の創業者である岩崎弥太郎《やたろう》が、あるとき幹部の一人を自室に呼び、机の上にある紙を示して、「きみ、これは何ごとだ」と声荒く叱りつけた。その人が驚いて見ると、自分が前に出した欠勤届で、それは会社の用箋《ようせん》に書かれたものであった。

弥太郎はさらに語気を鋭く、「いやしくも本社の最高幹部たるきみが、公私を分けず、私用の欠勤届に会社の用箋を使うとはもってのほかだ。厳罰に処する」と、一年間の減俸《げんぽう》を命じた。その幹部の人も、自分の非を悟って深くわび、一年間の減俸を甘受《かんじゅ》するとともに、以後ますます力を尽くして活躍したという。

今から見ると、これはいささか厳しすぎるような感じもしないではない。まあこの程度のことなら、というので見過ごしたり、せいぜい「きみ、気をつけてくれたまえ」と注意するぐらいであろう。

それを、厳しく叱るだけでなく、一年もの減俸という重罰を科したほうも科したほうだが、それを喜んで受け、以後大いに発憤奮起したその幹部の人も偉いと思う。

指導者としては何よりも見習うべきは両者の火の出るような真剣さだろう。そうした真剣さがあって、大三菱というものが建設されたのだと思う。

同時に、弥太郎がこのような小事《しょうじ》ともいえることを叱ったのはそれなりの理由があるのではないかと思う。

ふつうであれば、大きな失敗を厳しく叱り、小さな失敗は軽く注意するということになろう。

しかし、考えてみると、**大きな失敗というものはたいがい本人も十分に考え、一所懸命やった上でするものである。**

だから、そういう場合には、むしろ「きみ、そんなことで心配したらいかん」と一面に励ましつつ、失敗の原因がどこにあったのかをともどもに研究して、それを今後に生かしていくことが大事ではないかと思う。

それに対して、**小さな失敗や過ちは、おおむね本人の不注意なり、**

気のゆるみから起こってくるし、本人もそれに気がつかない場合が多い。

そして、千丈《せんじょう》の堤《つつみ》も蟻《あり》の穴から崩れるのたとえどおり、そうした小さな失敗や過ちの中に、将来に対する大きな禍根《かこん》がひそんでいることもないとはいえない。

だから、小事にとらわれて大事を忘れてはならないが、**小さな失敗は厳しく叱り、大きな失敗に対してはむしろこれを発展の資として研究していく**ということも、一面には必要ではないかと思う。

松下幸之助は、経営者としても“小事こそ大切に”を実践していました。大きな損害を出した営業所長には「一度目は経験、二度目は失敗」と諭すにとどめる一方で、「きょうの売上はいくらか」という問いに日計表を見て答えようとした担当者を、「真剣味が足りない」と厳しく叱責したこともあったといいます。

第4章

素直な心で学べば子どもは育つ

自分の身なりを正すためには、人はまず鏡の前に立つ。鏡は正直である。ありのままの姿を、ありのままにそこに映し出す。自分のネクタイは曲がっていないと、がんこに言い張る人でも、鏡の前に立てば、その曲直《きょくちょく》は一目瞭然《りょうぜん》である。だから人は、その過ちをみとめ、これを直す。

身なりは鏡で正せるとしても、心のゆがみまでも映し出しはしない。だから、人はとかく、自分の考えやふるまいの誤りが自覚しにくい。心の鏡がないのだから、ムリもないといえばそれまでだが、けれど求める心、謙虚な心さえあれば、心の鏡は随処《ずいしょ》にある。

自分の周囲にある物、いる人、これすべて、わが心の反映である。わが心の鏡である。すべての物がわが心を映し、すべての人が、わが心につながっているのである。

古《いにしえ》の聖賢《せいけん》は「まず自分の目から梁《はり》を取りのけよ」と教えた。もうすこし、周囲をよく見たい。もうすこし、周囲の人の声に耳を傾けたい。この謙虚な心、素直な心があれば、人も物もみなわが心の鏡として、自分の考え、自分のふるまいの正邪が、そこにありのままに映し出されてくるであろう。

（『道をひらく』より）

素直な心を育てる

人生で大事なことは、ものの真実の姿を正しく認識できるようになることです。そのためには、素直な心を身につけることが大切です。

現在の教育の誤りは、素直な心をことごとくなくしてしまっていることである。

素直にものごとを見るということを教育していないのであります。私は、先般大学を卒業した人たち四、五人に集まってもらいまして、座談会を開きました。そして、

「あなたがたは最高教育を受けてこられた方々である。大学の課程を立派に終えられたということはたいへん結構である。しかし、世に処していくには素直な心をもつということが大切である。素直な心があって初めてものの実相がつかめるのである。あなたがたのもっている学問、技芸というものを生かしていく上に素直な心がなければダメですよ。その大事な素直な心を、あなたがたは自分で培養《ばいよう》しようと考えられたことがありますか。あるいは先生がたからどのように導かれましたか」

と言うたのです。すると口をそろえて言うのには、

「そういうことは全然考えもしなかったし、教えられもしなかった」

ということです。

自分の習っている政治学、自分の学んでいる経済学、それらよりももっと根本的かつ重要な、素直な心の培養ということを習っていないというのであります。そこに日本の貧困の姿が招来されるのではないかと思います。

なぜなら、**学問、技芸があればあるほど、独善的となり、我執《がしゅう》と偏見をもつことになる。そしてものの実相をつかめないというようになる**のではないかと思います。

これらを考えますと、やはり素直な心をもたなければならない。天地自然の理法はどこにあるかということは、各人各人のしみ出るような体験からつかめるともいえますが、それだけでなく素直な心を培養するという心がけでものを見ていけば、天地自然の理法というものも分かってきて、**その人の動くところすべて理《り》に適した動き方をするようになる**と思います。

学問にとらわれず、知識にとらわれず、権力にとらわれず、地位を利用するような動きもしなくなる。すべて自然の理のままに、正しい行いがだんだん高まっていくということになると思います。

そこから生まれる方策、方式というものが、繁栄への具体案であります。

松下幸之助は、素直な心とは、利害や感情、知識や先入観などにとらわれずにものごとをありのままに見ようとする心であると定義し、これを身につければ強く正しく聡明になると言っていました。子どもに素直な心を教えるとともに、親自身も素直な心を身につけるよう努力することが大切ではないでしょうか。

天分を見出すには

成功と幸せへの道は、天分を見出し生かすとき、ひらかれます。

そのためには天分を見出したいという強い願いと素直な心が必要――、そう子どもたちに伝えていきたいものです。

天分とか特質というものがどこにあるのかということは、これは実はそう容易には分からないのです。つまり、そう簡単に見出せないようなかたちで与えられていると思うのです。そのことはちょっと不合理のように思えるかもしれませんが、ここに人生の面白味といいますか、味わいというものがあると思います。

そんなに簡単に分かってしまったのでは面白味も薄いのではないでしょうか。たやすくは分からないが、それを求めて努力してゆく、そこに、いい知れぬ人生の味わいがひそんでいると思うのです。

天分の発見とはそのようなものであることをまず知っておいて、さてそれではいかなる方法で求めてゆけばよいかと申しますと、まず何といっても、**自分の天分を見出したいという強い願いをもたなければならない**と思います。成功したいが、そのためには自分の天分を発見しなければならない、どうにかしてこれを見出したいものだという強い思いを、常に心にひそめることが第一に必要でしょう。その願いが強いと、日常の生活の中から自然に、自分の天分が見出せてくると思います。

たとえば、自分の内心の声が聞こえるときがありましょうし、また何かの動機や事件で、思わぬ天分が自分にあることが分かってまいります。また他人が自分に教えてくれるときがあります。そのとき、自分の願いが強ければ強いほど、ピンと感じられるのですが、もしも願いが弱ければ〝馬の耳に念仏〟で、せっかくのよい助言も何のたしにもならないでしょう。ですから、まず自分の天分を発見したいという強い熱意をもつことが第一だと思います。

そのためには、**素直な心をいつももっている必要がある**と思います。素直な心が欠けていますと、自分自身を買いかぶったり、また他人のすすめを曲解したりして、とんでもない方向に進んでしまうことになりかねません。すなわち、強い願いと素直な心、この二つがいつも用意されている必要があると思うのです。

そして、お互いにこうした念願をもつとともに、**もっと小さい幼年のと**

きから、子どもたちにこうしたものの見方を教え、周囲の者もその子どもたちが自分の天分を発見しやすい環境なり雰囲気をつくっていくことが大切ではないかと思うのです。家庭でそういう雰囲気をつくらなければならないし、また学校教育もこういう方向をとらなければいけない、またさらに大きく、社会全体が、天分の発見に熱意をもち、また発見しやすいような雰囲気をつくりあげるようにしなければならないと思うのです。

このようにして、**各人が自分の天分を見出し、その発現に努めるとき、すべての人が成功し、またすべての人が幸せになる道がひらかれてくる**のではないかと思います。のみならず、みなそれぞれに自分の天分に従って、無理をせず、無益な競争もせず、自分に与えられた役割を完全に果たすようにするならば、社会全体が一つの有機的な活動を示すようになって、日一日と繁栄していくと思うのです。

子どもの天分を見出すには、本人のみならず親もまた、素直な心をもたねばなりません。親は自分の希望を子どもに求めがちです。しかしそれにとらわれては、子どもの天分を見出すことは叶わないでしょう。子どもの適性を見るとき、とらわれのない心で判断しているか、虚心坦懐にふり返りたいものです。

実地教育を大切に

泳げるようになるためには、実際に水に浸《つ》からなくてはなりません。知識教育も大事ですが、それを応用できるようになるための実地教育もまた、大切です。

確かに実際教育というものは大切であり、また効果があるものだと思う。いくら畳の上で水泳の練習をしていても、それで泳げるとはかぎらないわけで、ほんとうに泳げるようになるためには、やはり実際に水に浸かって、水の一杯や二杯はのんで苦しみながらも、体を浮かせるコツを身をもって体得する必要がある。

そのこと一つを考えてみても、私はいわゆる体験教育というか、実地教育というものは非常に意義あるもので、今後とも大いに教育の上で強調されていかねばならないと思っている。

ただ私は、だからといって、学校教育においてはそういう実際に即した教育ができないといっているのではない。また、学問的に深く真理を追究していくための基礎的、理論的な教育を軽視するつもりは毛頭ない。

そうではなく、今後の学校教育においては、そういう基礎的、理論的な教育の上に、実際教育、実地教育というものを、あわせて尊重し、実施してほしいといいたいのである。

私は、あるアメリカのデザイナーを知っているが、その人のデザインに対する配慮というものには、いつも感心させられる。

全体のデザインそのものは、日本のデザイナーが考えるのとそう大差はないように思うのだが、なぜそういうデザインを選んだかについて、単に美しいというばかりでなく、たとえば材料が安いから、つくりやすいから、長もちするから、というように一つ一つ材料のことまでよく考えてある。

つまり、デザインを**単に美的感覚だけでつくるのではなく、同時に経済的な配慮も決して忘れてはいない**のである。

私は、その点にいつも感心するわけだ。おそらくアメリカでは、そういういわば実用学というようなことまで、ちゃんと学校で教えているのであろう。

だからアメリカでは、デザイナーや技師でも学校を卒業すればすぐに役に立つという。けれども日本では、学校を出た人でもすぐそのまま役に立つという場合は案外少ないようだ。

それはやはり、**理論的な知識は教えられていても、それを応用する実用学というものが十分に教えられていない**からではないだろうか。

そのことを考えるにつけ、今後は実社会での教育においても、あるいは学校での教育においても、こういう実用学なり、実際に即した考え方というものをさらに養っていくことが肝要だと思う。

松下幸之助は、「衆知を集めるためには古今東西のあらゆる本を読む必要があるのか」と問われて、こう答えています。「本というのは、動的な原理を静的に説明しているもので、それだけでは真理は分かりません。それとあわせて“現実”という、いわば動く書物をよく見ることが大切です」。

あとでぐんと伸びる人

あとでぐんと伸びる人。それは、コツコツと地道になすべきことをなし、勉強する心をもち続ける人です。

よく世間には、「あの人は大器晩成型《たいきばんせい》だ」などと言われる人がいます。それも、〝今はまああだけれども、そのうちになんとか一人前になるだろう〟というような意味で、大器晩成という言葉をどちらかといえばあまりほめたようには使わない場合もありますが、しかし私は**大器晩成というのは、もっと大事な意味をもっている**のではないかと思うのです。

新しい立場に立つ、新しい仕事をもつというような場合、人によっては、たちまちのうちにその要領を覚えて器用にこなしていく人もあります。

これは一面まことに結構なことだと思います。それで長続きすれば、いうことはありません。

しかし往々にして、そういう器用な人は途中で行きづまったり、かえって悪くなるという場合が多いようです。

反対に、当初は勝手が分からず、そのためにうまくいかないという人でも、**いろいろと先輩や上司に聞いて教えを受け、またみずからも大いに勉強する、そういう態度をもち続ける人は、おおむね大きな成果をあげている**ように思われます。

実際、人間というものは、他の多くの人々に助けられ、教えられて成長していきます。両親のしつけ、学校の教育、友人との交わり、先輩の指導、そういうものが適時適切に行われて初めて人間としての正しい成長を遂げていくことにもなるわけです。

ただその場合大事なことは、そういう助け、教えというものに対してみずから学び吸収するという態度でありましょう。

幼いときならいざ知らず、物心がつき、一人前の社会人ともなったならば、お互いに自発的にものごとを吸収し、みずからを高めていくように努めなければなりません。

一般に学校を出て社会に出ると、勉強する心を失ってしまう人がずいぶん多いようですが、そういう人はあとで伸びる人ではないと思います。たとえ学校では目立たない存在であっても、社会に出てからコツコツと地道になすべきことをなし、学ぶべきことを学んでいる人は、あとでぐんと伸びる人であるといえるでしょう。

こういうことは、人の一生を通じていえると思います。そして、生涯そのようにみずから新しいものを吸収し、勉強するという態度をもち続けることのできる人が、大器晩成型であると私は思うのです。

そのような態度をもち続ける人には、進歩があって停滞はありません。一歩一歩、年を経《へ》るにつれ着実に伸びていきます。

一年たてば一年の実力が養われ、二年たてば二年の実力が養われ、さらに十年、二十年、三十年とたてば、それぞれの年限にふさわしい力が養われるでしょう。

そういう人こそほんとうの大器晩成の人だと思います。

松下幸之助がよく発した言葉に、「きみ、どない思う？」というものがあります。たとえ相手が新入社員のような年若い人であっても意見を求め、また自分の分からないことを尋ねて教えを請いました。小学校中退の松下が驚くほど博識だったのは、こうした姿勢を終生、貫いたからでしょう。

誠実な熱意が力となる

知識が乏しく才能が十分でなくてもいい。〝なんとしてでもやり遂げたい〟という誠実な熱意さえあれば、事はたいてい成るものです。

お互いの仕事でも何でも、それに臨む心がまえとして大事なことはいろいろありましょうが、いちばん肝心なのは、やはり誠意あふれる熱意だと思います。

知識も大事、才能も大事であるには違いありませんが、それらは、なければどうしても仕事ができないというものではありません。

たとえ知識が乏しく才能が十分でなくても、なんとかしてこの仕事をやり遂げよう、なんとしてでもこの仕事をやり遂げたい、そういう誠実な熱意にあふれていたならば、そこから必ずいい仕事が生まれてきます。

その人自身の手によって直接できなくても、その人の誠実な熱意が目に見えない力となって、自然に周囲の人を引きつけます。目には見えない磁石の力が、自然に鉄を引きつけるように、誠実な熱意は、思わぬ加勢を引き寄せ、事が成就《じょうじゅ》するということが多いと思うのです。

これはお互いが人生を生き抜く上にもあてはまること、そうぼくは思うのです。

松下幸之助は、熱意の大切さをしばしばハシゴになぞらえて語りました。「なんとしても二階に上がりたい。どうしても二階に上がろう。この熱意がハシゴを思いつかす。上がっても上がらなくても……そう考えている人の頭からは、ハシゴは出てこない。才能がハシゴをつくるのではない。やはり熱意である」。

第5章

正しいことを教えれば子どもは育つ

人間は、ものの見方一つで、どんなことにも堪《た》えることができる。どんなつらいことでも辛抱できる。のみならず、いやなことでも明るくすることができるし、つらいことでも楽しいものにすることができる。みな心持ち一つ、ものの見方一つである。同じ人間でも、鬼ともなれば仏ともなるのも、この心持ち一つにあると思う。

そうとすれば、人生において、絶望することなど一つもないのではあるまいか。

ただ、この、ものの見方を正しくもつためには、人間は真実を知らねばならないし、また真実を教えなければならない。つまり、ものごとの実相を知らねばならないのである。

もちろん情愛は大切である。だがかわいそうとか、つらかろうとか考えて、情愛に流され真実を言わないのは、ほんとうの情愛ではあるまい。不幸とは、実相を知らないことである。真実を知らないことである。

人間はほんとうは偉大なものである。真実に直面すれば、かえって大悟徹底《だいごてってい》し、落ちついた心境になるものである。だからお互いに、正しいものの見方をもつために、素直な心で、いつも真実を語り、真実を教えあいたいものである。

（『道をひらく』より）

真実を教えよう

いくら素質が立派でも、真実を教えられなければものの本質を知らない人になってしまいます。

子どもには真実を教える――そう心したいものです。

ものの本質を知らないということは、ぼくはこわいことやと思う。

昔の殿様というものは結構なご身分で、小さい時分から乳母日傘《おんばひがさ》で育って、お守《も》り役というものがあって、いたれりつくせりのことをしてくれたわけやな。もののつらさというのを知らないのがふつうやな。だから多くはバカ殿様になるわけや。

けれども教育のしかたによっては、ご飯を食べるときに、その一粒のご飯というものが、どうしてできるか分かっているかということを、教育係が若殿様に話をする。

「今あなたが食べている一粒の米をつくるには、百姓は一年間にこういうことと、こういうことと、こういうことをやるんだ。そして八十八の関所を通ってようやくできあがったものが、一粒の米である。そのあいだには雨に打たれたり、風に吹かれたりして、苦労に苦労を重ねてできた、その米がこれなんですよ。あなたはやがて殿様になる人やから、みずからそういうことをする必要はないけれど、その百姓の苦労というものを真にお分かりにならないと、民百姓を治めることはできない」

というふうなことを教育したら、

「そうか、そんなもんか。分かった。そうすると百姓をいたわらないといかんな」

ということになって、善政をしかねばならないことが分かってくるわけですな。

そんなことを言わずに、

「これはもう百姓どもがつくったんですから、遠慮なしにおあがりなさい」

というようなこと言うとったら、さっぱりどうもならんわな。

ぼくは、今の大学生はそんなことを言われているんやと思うな、実際。だからほんとうのつらさを知らない。そういうことを考えてみると、教育というものがいかに大事なものであるかということを知らないといかんな。

教育はものの真実を教えるということでしょうな、早くいえば。真実を教えないということは、教育にならない。

科学の原理というもの、これはやはり真実やな。そういうものを教えるから科学になるのだろうと思う。

精神的な事象についても、真実を語らないといかん。農民の苦労というものは真実ですからな。農民が怠《なま》けておったら米ができないんだからな。飢饉《ききん》になってみんなが困るという真実を殿様に教えないといかんわけや。

それを教えないとバカ殿様になっていく。**素質はそう悪くない、立派な素質をもっていても、教えてもらわなかったら分からない。**

松下幸之助は、ものの本質を知るためには、実際の体験が欠かせないと考えていました。たとえば塩のからさは、頭で考えたり目で見たりしただけでは分からず、実際になめて初めて分かるものだ、というのです。子どもにものを教える際は、体験できるものはできるかぎり体験させることを心がけたいものです。

日本の歴史と伝統を大事に

日本人である以上は、日本の伝統を大事にしたい。日本の歴史のよい面、自己を犠牲にしながら社会に尽くした偉人、そういうものを子どもに伝えていきましょう。

傍観者がたくさんできてきた世相ですね。その原因はやっぱりあったんだろうと思うんです。

終戦後、政府、指導者の立場の人が日本の再建に努力されたことは承知しておるんです。しかし、いちばん肝心な精神面を放棄しておったと思うんですね。

日本人として何が正しいか、何を考えねばならないかという、われわれは何というても日本人に違いない。日本人である以上は日本の伝統は非常に大事なものである。

しかし、その伝統を教えてはならない、いわば歴史を教えてはならないという教育のしかたですね。これは非常に誤っていると思うんです。

かりにあなたの先祖代々を考えましょう。あなたの先祖代々は、極端にいえば何千年も続いている。何万年も続いているかわかりませんね。

しかし、それはしばらくおいて、十代をさかのぼってみる。その十代の人の中には、立派な社会人として、先祖の二代目の人はこんなことやったんやなあ、三代目はこういうことやったんやなあと、あなた自身も非常にほほえましく、そこに誇りを感じるものもありますわな。

なかには、あまり感心しない人もあったかもわからんと思うんですがね。（笑）

それを見て、三人の立派な人がある、二人のちょっと間違った人がある。その三人のいいことした人のことをちっとも頭におかず、ちょっと感心しない二人の人のことだけを考えて、「おれの先祖はあかん」と言うのは、あなたとしては申しわけないと思うんです。

どっちかというと、二人のあまりよくない人のことは伏せておいて、三人のいい人のことをあなたは語ってみたいだろうと私は思うんです。またそういうことを語ることによって、あなたの子孫の教育になりますわな。

「うちの先祖のだれとだれはこういう社会的な貢献をした人や。おまえも大きく

なったらそうやらないかんぞ」と言えば、教育になりますわな。

しかし、そういういい人のことを言わんと、ちょっと悪いことをした人があったら、その悪い人だけを引っぱり出して、「うちの先祖はこういう悪いことをしよったんや。おまえもやれよ」(笑)、そんなこと言えませんね。これは個人でもそうやと思うし、国またしかりやと思うんです。

ところが、国については悪い人のことだけ引っぱり出して、いいことした人のほうを隠している。これは教えてはならないというのが戦後の教育であった。

〝忠臣蔵〟がいいか悪いかという議論がありますけど、あれはやっぱり歴史のひとこまですね。あれは犬や猫ではできんことです。やはり誠実な一つの道義に従ったわけですな。だから好もしいことですわね。好もしいということは立派なことやと思うんです。

みんながやれることやないけれども、大石内蔵助《くらのすけ》一派の人たちは利害を捨てて義についたということでありますから、人としてなしうることであって、人間以外ではそんなことできません。

だから、そういうことも歴史のひとこまとして語っていいと思うんです。しかし、「そういうことはいかん、教えてはいかん、芝居にするのもいかん」といって禁止されたんです。

極端にいうとそういうことですね。だから、**教育の面に非常に弱いものができた。自己中心になってくる。**歴史で立派な人といいますと、何らかのかたちにおいて自己を犠牲にして、社会のために尽くしてますわな。そういうことを教えないわけです。

これが私は今日の傍観者になる一つの大きな素因をつくっているんじゃないかという感じがします。

松下幸之助は常々、日本の教育が個性や人権の尊重といった“個人の立場”に立ったものに偏りすぎていることを憂えていました。そして、自他相愛、共存共栄といった“世界人類的立場”と、“国家国民としての立場”に立った教育をバランスよく行なっていくことが大事だと訴えました。

国を愛する子に

自分を愛する以上は、他人を愛し、町を愛し、社会を愛し、国を愛する。これは、人間として非常に大事なことなのです。

やはり自分を愛する以上は、他人も愛する。これが人間として非常に大事であると思いますが、そういうことを、どの程度に日本は今、教育しているでしょうか。

自分は愛するが他を愛さない。自分は愛するが町を愛さない。自分は愛するが社会を愛さない。自分は愛するが自分の働く会社を愛さない。自分は愛するが自分が住んでいる国を愛さない、というところまで来ていると思うのです。

自分を愛することはまことに切なるものがあるが、自分の住んでいる国に対する愛国心というものが薄くなっているのが、今日の日本の一つの姿じゃないかと思うのであります。

それで国がよくなるでしょうか。私はならないと思います。国がよくならないならば自分の住んでいる場所は安泰《あんたい》でしょうか。安泰とはいえないでしょう。

そうすると、**国を愛さないということは社会を愛さないということに通じ、団体を愛さないということに通じ、家を愛さないことに通じ、自分を愛さないということに結局なる**じゃありませんか。

松下幸之助はしばしば愛国心の大切さを訴えていましたが、それは常に、自国を愛するように他国をも大事にするという愛国心でした。わが国のみの繁栄を図る独善的で偏狭なナショナリズムに陥ることを強く戒め、広い視野に立った“真の愛国心”をもつことを呼びかけていたのです。

権利の前にまず義務を

権利ばかりを教えてはいけません。義務を尽くして初めて権利の主張が認められるのだということを、教えなければなりません。

そこに一億の国民がおって、そしてお互いがみなエゴですわ、最近は。それはエゴの教育をしているんですから。

あなたにはこういう権利があります、その権利を主張せなあかんということを、小学校の生徒に教えているんだから。大学へ行くまでそれは終始一貫しているんですよ。

「あんたにはこういう義務があります。だからこの義務を尽くさんといけませんよ。そして初めてあなたの権利というものは認められるんだ」と言うならいいけども、義務のことはちょっとも言わんと、権利があるということだけを教える。

だから、「国におれを食わす義務があるんだ、おれにはそれを要求する権利があるんだ」ということで、要求する。それでずうっと大きくなったから、問題が起こるのは当たり前ですわ。

松下幸之助は義務を教えることを、社会的責任という観点から説くこともありました。企業も個人も社会において果たすべき責任がありますが、たとえば子どもにとっては、今は心身の学びに全力を尽くすことがそれです。各人が責任を果たしてこそ皆が幸せになれるということを教えたいものです。

人間として大切なこと

道義や道徳など、人間として大切なことをしっかり教え、その上で自由や自主性を尊重するようにしたいものです。

結局、善の面を刺激するものが少なくて、悪の面を刺激するものが多いということが、今日読物だけにかぎらずいえると思うのです。おとなの行動においても私はそういうことがあろうかと思います。**おとなの善導者と申しますか、指導者といいますか、そういう人たちが、少年をつかまえて善を呼び起こすような話をしなくてはならない**と思うのです。

ところがそういう話をなかなかしない。遠慮している。そういうことではいつまでたっても青少年はよくならないと思うのです。

道義、道徳というものは教えるものではない、自分で考えて生み出すものだという人もありますが、私は、ものごとは教えられて初めて分かるものである、科学であろうが何であろうが、初めは全部先輩なり先生がたに教えてもらって、だんだんと分かってきて、その分かってきた上に自分の考え方というものが生まれてくる、そうしてそこに自己独特のものの考え方というものが生まれてくると思うのです。

最初は教えなくてはならない。最初は「あんた、勝手にやりなさい」と言ったって、やれるものではありません。

そこに教育というものの必要性があると思うのです。

道義、道徳にしても、これは同じことだと思います。日本の輝かしい伝統も、今日のすぐれた文化もよく検討して、日本人はこんなに立派な民族なのだということを教え、指導していけば、社会生活においても、個人の責任で正しいものの考え方をするようになり、それが繁栄にも結びついて、立派な社会が生まれてくると思うのです。

ところが最近、教育にあたって、また指導にあたって、指導者の信念をぐらつかせるようなものの見方、考え方をする人があります。それが今、非常に大きな問題になっていると私は思うのです。

というのは、今日の日本は自由国家ですから、教育にしてもできるだけ個人の自由を尊重し、自由のうちにその個性を導き育てていこうという行き方が一般的です。これはもちろん大いに結構で望ましいことだと思うのですが、反面、そうした自由尊重にとらわれるというか、それが行きすぎてしまって、子どもに、ほんとうに教え導く必要のあることまで教えなくてもいいんだという考え方が一面にあるように思うのです。

つまり、**子どもを教育するにあたっては、あらかじめ道義や道徳など人間として大事なことはしっかり教えなければならない。その上で自由を尊び、自主性を尊重する。そこからほんとうのものが生まれてくる**と思われるのに、最近は極端にいえば〝子どもは勝手に育つのだ、だから、子どもに何も言ってはならないし、何もしてはならない〟とすら受けとれるような論評をする人が、一部にはあるようなのです。

そういうことで、教育にあたっている人、指導にあたっている人の中には迷いが生じているのではないかと思うのです。

子どもというものは、ある程度手を引いてやらなければならない、ある程度教え導かなければいけないとは思っていても、「手を引いちゃならぬぞ。先を歩くぐらいならいいけれど、手を引いちゃならぬのだ」と言われるから、つい、先を歩いていく。

ところが、先を歩いていて後ろを見たら肝心の子どもはいないというのが今日の状態ではないでしょうか。

こういうような教育は、私は教育ではないと思います。どうしても最初は手を引かなければならない。手を引いて導いていく。そしてある程度育ったら今度は手を引かない。「今度はぼくが先に行くから、きみ、ついてこいよ」と言う。そうすれば、今度は後ろをふり返ってもついてきている。

そのうちに、「もう自分はここにおるから、あんた勝手に歩きなさい」と言うと、勝手に歩いていく。

これが自主独立の姿だと思うのです。

この最初の手引というものは、道義、道徳であろうとも断固としてやらなければならないと思うのです。

その道義、道徳というものを今まで放棄しておった。極端にいえばそういうことがいえると思います。

そういうことで、どうして立派な社会が生まれてくるでしょうか。

松下幸之助は、人にものを教えるには根気が必要だといいます。どんなにいいことを言っても、言われたほうはすぐに忘れてしまうもの。だから大切なこと、相手に覚えてほしいことは、二度でも三度でも、五へんでも十ぺんでも言うことが大事だというのです。特に相手が子どもであれば、なおのことです。

出典一覧

●各章扉　『道をひらく』／PHP研究所（1968年）

●第1章

人間としての優等生に育てる	『わが子を伸ばす本』／松下電器産業（1966年、非売品）
子どもは磨けば必ず輝く	『人生心得帖』／PHP文庫（2001年）
長所と短所の考え方	『人生心得帖』／PHP文庫（2001年）
学問にふり回されない	『人生心得帖』／PHP文庫（2001年）
人間そのものを高める教育が大事	『松下幸之助発言集　第11巻』／PHP研究所（1991年）
親自身が人生観をもつ	『人生心得帖』／PHP文庫（2001年）

●第2章

自立心を育てる	『松下幸之助発言集　第7巻』／PHP研究所（1991年）
子育ての原則を知る	『松下幸之助発言集　第7巻』／PHP研究所（1991年）
感謝の心とこわさを知る	『若さに贈る』／PHP文庫（1999年）
辛抱することを教える	『社員稼業』／PHP研究所（新装版2009年）

●第3章

自分で道をひらいてゆく子に	『PHPのことば』／PHP研究所（1975年）
礼儀作法は潤滑油	『社員心得帖』／PHP文庫（2001年）
よきしつけを	『松下幸之助発言集　第13巻』／PHP研究所（1991年）
厳しさと優しさをもつ	『指導者の条件』／PHP研究所（新装版2006年）
小事こそ大切にする	『指導者の条件』／PHP研究所（新装版2006年）

●第4章

素直な心を育てる	『松下幸之助発言集　第36巻』／PHP研究所（1992年）
天分を見出すには	『人間としての成功』／PHP文庫（1994年）
実地教育を大切に	『松下幸之助発言集　第39巻』／PHP研究所（1992年）
あとでぐんと伸びる人	『人間としての成功』／PHP文庫（1994年）
誠実な熱意が力となる	『縁、この不思議なるもの』／PHP文庫（1993年）

●第5章

真実を教えよう	『松下幸之助発言集　第42巻』／PHP研究所（1992年）
日本の歴史と伝統を大事に	『松下幸之助発言集　第4巻』／PHP研究所（1991年）
国を愛する子に	『経営の価値 人生の妙味』／PHP文庫（1986年）
権利の前にまず義務を	『松下幸之助発言集　第4巻』／PHP研究所（1991年）
人間として大切なこと	『一日本人としての私のねがい』／PHP文庫（1986年）

●著者略歴

松下幸之助（まつした こうのすけ）

パナソニック（旧松下電器産業）グループ創業者、PHP研究所創設者。明治27（1894）年、和歌山県に生まれる。9歳で単身大阪に出、火鉢店、自転車店に奉公ののち、大阪電燈株式会社に勤務。大正7（1918）年、23歳で松下電気器具製作所（昭和10年に松下電器産業に改称）を創業。昭和21（1946）年には、「Peace and Happiness through Prosperity＝繁栄によって平和と幸福を」のスローガンを掲げてPHP研究所を創設。昭和55（1980）年、松下政経塾を開塾。平成元（1989）年に94歳で没。

親として大切なこと

2010年4月6日　第1版第1刷発行
2010年9月9日　第1版第4刷発行

著　者　松　下　幸　之　助
編　者　ＰＨＰ総合研究所
発行者　安　藤　卓
発行所　株式会社ＰＨＰ研究所
東京本部　〒102-8331　千代田区一番町21
生活文化出版部 ☎03-3239-6227（編集）
普及一部 ☎03-3239-6233（販売）
京都本部　〒601-8411　京都市南区西九条北ノ内町11
PHP INTERFACE　http://www.php.co.jp/

印刷所　大日本印刷株式会社
製本所　東京美術紙工協業組合

ISBN978-4-569-77740-5